JN441320

천경자, 나비가 된 화가

정경미 시집

문학의전당 시인선
405

천경자, 나비가 된 화가

정경미 시집

문학의전당

시인의 말

도마뱀 꼬리에
반달을 그려 넣는 것만으로도
나는 이미
천경자의 볼모가 되었다.

슬픈 꽃들의 전설이
나비를 불러
장자(莊子)의 꽃밭을 기웃거리는 사이

나는
천경자의 목덜미에 그려진
꽃잎을 보며
미인을 꿈꿨다.

2025년 12월
정경미

차례

제2부

제3부

제4부

제1부

지붕 없는 미술관
—고흥, 천경자의 고향

그믐밤마다 봉황산에서 봉황이 바다로 내려와 밀물에 몸을 섞고 꽃을 단 여인들을 유혹한다. 소녀는 그 황홀경에 현혹되어 머리에 꽃을 달고 들판을 헤매며 꽃들의 향연에 흠뻑 취한다. 뱀에 물려 죽은 친구의 상여가 떠난 후 장다리 꽃밭에서 나비가 되어 황후처럼 유랑한다.

어느 봄날, 길례 언니의 반짝이는 자태 앞에서 두 눈엔 꽃불이 번진다. 소록도 건너간 그녀의 뒷모습은 그리움의 불씨 되어 일렁거린다. 조부의 무릎에서 옥희와 함께했던 따뜻한 추억은 대서양을 건너와 고흥 앞바다에 윤슬로 피어오른다.

절망과 입을 맞추는

이사도라 던컨의 비가가 날아오르면
하늘 끝에서 미인도가 춤을 춘다

화가의 날개가 허공에 걸린다

메아리에 끌려와 나부끼는
저 거침없는 흔들림

지평선에 탁본 된 꽃의 붉은 울음
달무리를 복사한다

절망과 입을 맞추는
화가

벽 앞에 서면
유령이 손을 내민다

여자의 전설

뙤약볕 아래 두꺼비 한 마리
헛꽃을 입에 물고

화폭과 마주하며 살아온
아흔 평생이 말을 걸어온다

보랏빛 환상은 비를 부르고
우렛소리 지나간 하늘엔
태양의 텅 빈 동공

화가의 뜰에 쏟아지는 황금비
여자의 지친 손은
혼 빠진 꽃들을 쓸어 담는다

붓끝에서 흘러내리는 용암이
미라로 잠든 꽃들을 깨운다
화원으로 찾아드는
나비 떼

스물두 번째의 겨울 1

환청으로 지샌 밤
보랏빛 폭풍우가 몰아친다

네 마리 화사(花蛇)와 함께 표류하던 장미꽃이
여자의 가슴에서 기어 나온다

찬비 내리는
초점 없는 눈동자 속에서
사막이 솟아나고

오아시스를 찾아 헤매는 눈빛이
모래 기둥에 기대어 저물어간다

천둥이 다녀간 후
사랑니 출몰에 놀란 약관의 여자
가슴에 찍힌 뜨거운 낙인은
백날을 앓고도 모자란다

화려한 상처에 얼룩진 꽃들의 뒷모습이
22페이지 전설 속에서
눈부시게 타오른다

스물두 번째의 겨울 2

칠흑 속에서
슬픈 자화상 하나가 떠내려온다

꿈길에 따라와
이름 모를 꽃들과 동침하며
하룻밤을 지새운 네 마리의 화사(花蛇)
화가를 직시한 후
찬란한 한(恨)을 화관처럼 감고 돈다

분홍 장미 한 송이 눈물 속에 피어나면
뜨거운 침묵이 입술을 녹인다

마른 꽃대에 매달린 텅 빈 절망
금빛으로 물들어
동공 속 깊은 늪으로 빠져든다

슬픈 꽃들의 기억이
환청으로 몰아치는 아침이면

꿈속의 자화상과 사투를 벌인다

두 개의 가면을 쓴 환상이
여자의 목덜미로 흘러내린다

그대 쉶은 생애

유년은 꽃길이었다 조부의 무릎에서 앉은뱅이 꽃은 심청전, 춘향가 부르며 무지개를 피웠다 고흥 바다와 머리에 꽃 단 여인들은 뇌쇄적 향기에 취하여 거리의 곡마단 피리 소리 어린 영혼을 뒤흔들었다 골계미가 넘쳐났던 부푼 유학길은 가시밭길이었다 여린 어깨 위로 찬비 우거져 빗나간 사랑은 잡초로 헝클어지고 동생의 죽음은 실뱀이 되어 찔레꽃 사이를 기어 다녔다 베트남 정글을 누비고 아프리카 설산을 화폭 위로 건져 올렸다 혼돈의 시대를 건너가는 먼로와 가르보의 고독을 흠모했다 못다 피운 꽃들과 접신하며 무아지경에 빠졌다 자식을 몰라보는 어미로 추락시킨 희대의 비극은 가슴에 번개를 키웠다 그대 떠난 후 풀지 못한 정한은 백색소음들로 저물어갔고, 화폭 속에는 아름다운 전설이 넘쳐났다 신명 난 꽃들의 굿판은 허드슨 강물에 아흔 생을 흘려보냈다

유년의 햇살

긴 해안선 따라 노을빛 유난히 흐드러진 봄이면 헛배를 앓았다 물살이 나부끼는 날엔 햄릿의 여인은 색색의 조각 천을 목에 걸고 마을을 배회했다 기묘한 환상 속을 넘나드는 그런 날이면 여자아이도 봄날 흥에 취해 저물녘까지 들길을 서성거렸다 그믐밤 봉황교 다리를 건너가는 소록도가 눈물을 흘렸다 꽃무늬 독사에 물려 죽은 친구의 애절한 상두가가 뒷산을 오르고 햇살이 뒤척이는 그해 봄은 장다리 꽃밭에 나비 떼가 찾아들었다 배추나비 날개에 둘러싸인 아이는 빛의 제전에 초대받은 측천무후였다 봉황산 기슭을 들썩였던 서커스 트럼펫 소리, 소녀의 어깨에는 애환의 날개가 돋아났다 정한(情恨)을 탑처럼 쌓았던 어린 소녀는 지천에 핀 꽃들을 입양했다

꽃의 정한(情恨)

— 에티오피아 여인

하와이안 무궁화가 바람을 맞으며 서 있다

여인들이 그림 속에서
밀랍이 되어 눈을 깜빡인다
암갈색 얼굴에 드리워진 침묵의 그림자가
화폭을 적시며 흘러내리고
우수에 젖은 망토 자락이 붓질을 휘감는다
옷깃에 가려진 고뇌가 뜨겁게 빗발치면
피지 못한 꽃송이들의 몸부림이
처절하게 붉다
꽃잎의 독백은
해독할 수 없는 밀어를 날름대며
혓바닥을 태운다
새소리도 비껴가는 숨죽인 화원
화가의 일생을 스캔하는
꽃눈 몇 개 분분히 나부낀다

빗방울이 흩날리고

꽃씨들이 깨어나면
여자의 어깨 위에서 나비가
전생을 말아 올린다

스물두 살의 전설

봄비 다녀간 오후
허공을 향해 코발트빛 모자를 던진다
모자 속에서 스물두 마리 화사(花蛇)가
이젤을 타고 떨어진다
화관을 쓰고 사방으로 흩어진다
뱀의 붉은 혓바닥이
눈부신 꽃봉오리로 벙글어지고
꽃밭으로 기어드는 소리
아득한 메아리 되어 빗발친다
꽃신을 잃어버린 얼굴 하나
빗줄기를 맞으며 진흙밭을 기어간다
수렁에 찍힌 발자국에서
슬픈 눈동자가 일렁이고
닻을 내리지 못한 여자는
몽롱한 낮잠 속으로 빠진다
꿈에 보았던 몽유도원도를 펼치면
까만 동공에서 장미꽃이 피고
어두웠던 전생이 허물을 벗는다

스물두 살 자화상 앞에는
여러 갈래의 길이 뻗어 있다

꽃들의 바다

화가의 왼쪽 날개가 바다 위에서 나부낀다
삼백육십일
포세이돈의 바다를 펴 올리면
가슴에서 타히티섬이 맹렬히 타오른다

보랏빛 등꽃이 여자의 바다를 건져 올린다
수평선을 끌고 가는
꽃들의 몸부림이 애처롭다
또 다른 섬이 불타오르면 여자는
시시포스의 절망을
양어깨에 짊어지고 날아오른다

바다에 걸린 여자의 시간은
영시에서 멈추어 선다

여자의 바다

꽃들이 캔버스 가득 차오른다
무표정한 눈빛이 햇살에 찔려 녹아내리면
낮달은 돌아서서 눈매를 여민다

꽃그늘 아래
배후를 모르는 그림자만 다녀가고
저 혼자 술렁이는 섬들이
깊은 늪이 되어
가슴팍으로 빠져든다

종이꽃 등에 업고
물살을 건너는 범나비

검은 이젤 속
화가의 바다가 어디인지 알고 싶다

여자의 바다에 문이 닫힌다

비밀의 화원

꽃들을 무동 태우고
어두운 터널을 건너왔다

보랏빛 새벽이 주단처럼 깔린 광장을 지나
수천의 벽을 열며
겹겹의 미닫이문 밀치고
부르튼 맨발로 걸어왔다

비밀의 화원을 엿본 죄
바람을 사랑한 죄

자폭하는 입술들이
화폭 위에 줄을 이었다

화사(花蛇)의 울음소리
폭풍의 뜰에 펼쳐진 아흔의 생애
허리케인이 미인도를 집어삼키자
가슴에 서리가 내렸다

벙어리 꽃들은

아직도 말이 없다

나의 초상

— 천경자

어떤 외침도 몸부림을 꺾을 수 없었다
뜨거운 자갈길을 걸으면
늘어진 시계추가 등줄기를 타고 내렸다
편서풍이 불어올 때마다
뼛속까지 뻗어 나간 뿌리들
바람 앞에 순결성을 날려 보냈다
지상에서 움켜쥔 잔뿌리의 아우성이
땅속으로 파고드는 동안
수천의 빙어 떼가
세월의 강을 거슬러 올랐다
낯선 이마가 어지럽게 일렁이고
꽃으로 대접받지 못한
자화상 하나 떠내려왔다
가지 못한 길을 내려놓는 물살마저
경계를 풀고 늙어갔다
한 방향으로 허리 꺾인
숙명 같은 꽃들의 침묵이 뜨겁게 타오르면
아흔의 슬픔은 여인상 어깨에서 나부꼈다

이생에서 부서진 그리움은
흔들림에도 아름다웠다

허드슨의 밤

플루메리아 꽃이 된 별은
찰나의 시간을 저어
대서양 건너
지금쯤 고홍 앞바다에서
옥희와 조우하고 있을 것이다
난 누구를 찾아 먼 이국까지 날아왔을까
난간에 기대어 가로등과 눈을 맞춘다
가로등 눈빛에 기댄
그림자의 어깨가 무겁다
수상택시가 지나가면
뒤척이는 물살은
허드슨을 연신 실어 나르고
뱃고동 소리에
검푸른 등이 꿈틀거린다
저만치 슬픈 그림자 하나
불빛에 떠내려간다

제2부

나비가 된 화가

꽃이 되지 못한 여자는 어둠을 잉태한다

잠에서 깨어난 애벌레 한 마리
고치 속에서 듣던 천둥소리를 기억한다
적막을 뒤집어쓴 채
비상(飛翔)의 몸짓을 기억한다

하와이안 무궁화 속에서
나비가 부화하고
허물을 벗어 던진 생애는
통점으로 꽂힌다

여자는
애벌레의 환생을 기다린다

천상의 화원에선 있을 수 있는 일이다

해바라기

빛을 삼킨 해바라기는
영영 태양을 잃어버린 것이다

마른하늘에서 천둥이 울고
꺾인 모가지가 신음을 내뱉으면
까만 씨앗들이 사방으로 흘러내린다

태양에 갇힌 영혼들이
하얗게 말라간다

어미 고양이 울음소리 허공을 물들이면
새끼 고양이 껴안은 지친 여자는
꽃대 위에 앉아 놀란 눈동자를 굴린다

사방이 황금빛으로 물들어갈 때쯤
여자의 발치에서 꽃이 핀다

작은 가시를 매달고

그물에 걸려 허우적거리는 불혹의 시간들

끝이 보이지 않아
날 세운 제 그림자만 채근한다

화가의 봄날

범 무늬 앞치마에서 비둘기 날아오른다

날개를 펼치고
동공 풀린 백치의 신화를 쓴다

용암을 품은 눈빛이
어둠 속에서 화염을 뿜어낸다

타는 봄날
등꽃으로 환생한

봉인된
22페이지의 입맞춤이다

봄의 화원

여자는 꽃 속에서 진화한다

액자 밖에서 미소를 띤 여자는
온통 봄으로 출렁인다

비어 있는 동공에 달이 뜨면
별들이 콧날을 타고 흘러내린다
속눈썹에 걸려 있는 달무리

봄밤은 저물고
그믐달을 갉아 먹는 쏙독새 울음이
밤하늘을 핏빛으로 물들인다

여자는
늙은 연인들을 화원(花園)으로 초대한다

이름 모를 꽃들이 눈을 뜬다

이상기후

천둥소리 다녀간 후
한나절이 장다리 꽃밭을 건너간다

소나기를 만나
진흙밭에 빠진 날이면
야윈 발목을 차라리 잃고 싶다

유년이 까맣게 달려오고
목덜미에 한기가 차오르면
그리움도 식어 붓이 꺾인다

바람 불어
부표를 껴안은 여자아이는
노을로 흐느낀다

생은
까마득히 멀어지고
그 모든 게

폭풍 때문이라고

범람한 강물처럼
다시 독백을 꿈꾼다

맨발의 여자

붓끝에 끌려온 굽은 길들이 일어서는 날이다.

자갈밭을 걸어가는 맨발의 여자 발끝에 뒹구는 그리움이 고홍 바다를 뒤척인다. 눈가에 번지는 유년의 텃밭에서 꽃을 단 여인들의 슬픔이 보인다. 마법에 걸린 햇살이 들판을 흔든다. 소록도의 노을이 바다를 건너는 날이다. 뿌리 없는 한(恨)이 온몸을 동여맨다. 하늘도 소리 없이 흐느낀다. 어린 봄 뱀에 물려 죽은 친구의 원혼이 상여에 실려 떠나는 날이다. 여자의 머리 위에서 눈부신 찬비 쏟아진다. 설운 봄날이 그렇게 저무는 그믐밤이다. 알 수 없는 날짐승의 눈빛이 어둠을 두드리는 날이다.

흰 나리꽃은 흰 나리꽃의 세계에서 고요하고, 맨발의 여자는 맨발의 세계에서 고요하다.

오필리아

마른 눈물이 이젤 위에서 꽃으로 환생한다

삼월 그믐달이 차오르고 밀물이 밀려들 때면 마을엔 정신을 놓은 여자들이 줄을 선다 밤이 깊어갈수록 정신을 놓은 꽃들이 들판을 배회한다 슬픔이 눈가에 맺히면 어진 목숨들이 달빛에 시들어간다 현실의 벽 앞에 혼을 놓아버린 오필리아여! 고통을 견디지 못해 차라리 환상 속에 빠져드는가 일그러진 웃음 날리며 여인들은 허공에 꽃을 심는다 반쯤 벌린 입술로는 나비를 부를 수 없다 봉황산 자락에 떠도는 영혼들이여, 머리에 꽃을 꽂고 나에게 오라

그 여자의 행상

액자 속에서 잠에 빠진 플루메리아
발기를 꿈꾼다
붉은 나방을 산란하는 여자
머리에 청동화로를 꽂고 있다
불씨 속에서 오로라가 흘러내리고
천둥번개가 타오른다
세찬 비에 젖은 소문이
에르미타주 미술관을 도배하고
찢겨나간 어깨는
밀랍인형처럼 굳어간다
비를 꺾어 든 정원사가
새벽의 고요를 펌프질하는 동안
실핏줄에 걸려 비명을 쏟아내는 애벌레들
디기탈리스 꽃을 부화한다
이마에서 가벼운 통증이 시작되고
화폭 위로 천 개의 눈들이 날아오르면
나비의 전생이 전광판에 스캔된다
날개를 도둑맞은 여자

인사동 골목을 삼킨다

그 여자의 행상은 휴업 중이다

환생하는 봄

캔버스 밖에서 여자의 눈빛이 흐느낀다. 긴 머리칼이 바람에 울부짖고 마른 눈물이 전시장을 떠다닌다. 간밤에 태어난 안개가 정신과 병동에서 꿈을 꾼다. 장자가 미술관으로 들어오자 환쟁이의 숨결이 거칠어진다. 수채화 속에서 날던 나비가 발밑으로 후두둑 떨어진다. 나는 벽화 속 화원(花園)에 불을 당긴다. 도슨트의 웃음소리가 층계를 오른다. 비상구 끝에 매달린 여자의 왼쪽 유방이 추락한다. 갈림길에서 떠도는 화가의 그림자가 엄지손가락을 편다. 베를리오즈의 연주가 막을 내린다. 보랏빛 등꽃을 꽂은 양산이 들판을 돌며 춤을 춘다. 무너져 내린 하늘가, 여자의 봄날이 환생한다.

꽃의 외로움

꽃들이 화폭 위에서 각혈을 한다
폐부 깊숙한 곳에서
요동치는 그리움
붉은 가면을 쓰고 흔적 없이 찾아온다
목이 쉰 종이꽃이
어둠을 조여 오면
우후죽순 피어나는 눈망울들
요절하는 천사처럼
채색을 입고 땅에 몸을 누인다
덧니를 드러내며 웃는 외로움
정신을 놓아버린 꽃들은
비밀의 화원에서 불침번을 선다
새벽을 깨우는 소쩍새 울음
허공으로 번져가며 꽃불을 지핀다

화가의 귀
—베트남 종군 화가단

비 개인 날이면
굳은 소리는 근육을 풀었다
깊은 잠 밀어내는 고적대 행렬에
무성한 숲길은
적막을 털고 일어났다
잃어버린 빛을 찾아
안개는
달팽이관에서 꽃으로 피어났다
벙어리 종달새가
하늘 향해 몸부림칠 때
정글에 퍼지는 종소리
잠긴 하늘을 열어젖혔다
진흙밭으로 탈선한 소리 몇 점
수신호를 보내오면
자정을 건너온 박쥐들
철모 속에서 자라났다
사이공 야시장 처마 끝을 맴도는
재스민 향기에

군홧발 소리가 길을 찾고
유령의 집을 짓는 호랑나비 떼
늙은 철길을 일으켜 세웠다

그 여자의 선인장

몸속에 바이칼 호수를 품고
삼백예순날 목이 탄다
별빛이 타오르고
사막의 밤은 깊어진다
신기루를 기다리며
허공에 팔을 뻗는 사와로선인장
우물에 빠진 전갈들이
팔뚝을 타고 기어오른다
온몸으로 가시를 토해내며
꽃잎을 밀어 올리는 여자
새벽보다 먼저 찾아와 꽃의 문을 연다
멀리서 낙타 울음 들려오면
기도가 끝나기 전에
모래바람은 언덕을 오르고
물병자리별의 뿌리가 발자국을 찍는다
구릉마다 바람의 탑이 쌓이고
태양을 입에 문 전갈 한 마리
모래바람을 토해낸다

아열대

외로운 꿈에서 깨어난 후 빈속에 파이프를 물고 플루메리아, 하고 부른다. 연기 속으로 등 굽은 그림자들이 한숨을 토해내며 몰려온다. 달빛을 채굴했던 여자는 꽃밭에 숨어 있는 금광을 찾아 뜬눈으로 밤을 새운다. 달그림자에 묻힌 전생을 캐내어 슬픔을 덧칠한다. 여자는 온몸으로 붓과 씨름을 한다. 회한(悔恨)은 깊은 우물이 되어 차오른다. 꿈의 화원에는 색채의 향연이 펼쳐진다. 여자는 비단뱀과 입을 맞춘다. 푸른 화염 속에서 나비들이 날아오른다. 여자의 피안(彼岸)은 너무 멀리 있다.

천경자의 남자 1

바람이 분다
천 년 전 그 색깔 그 무늬 그대로
변화무쌍한 계절이
화폭 위에 펼쳐진다

닿을 수 없는 하늘에
떠도는 별 하나
머물지도
잡을 수도
품을 수도 없는
손가락 사이로 빠져나가는
꿈의 부스러기들이다

눈앞에 잠시 아른거리다
사라지는 신기루

비 온 후
고흥군 서문리 들판에 걸려 있는

쌍무지개

신비하다 못해

잠적조차 아름다운 그림자의 사랑이다

천경자의 남자 2

열대성 소나기가 한바탕 벌판을 지나간다. 카사블랑카의 파도가 가슴에 와 꽂히면 여자는 사내의 발자국 소리를 좇아간다. 숨이 멎는 듯한 열기가 종일 맴돈다. 사막을 한 장씩 펼치는 여자의 손바닥은 페이지 터너의 시간을 조율한다. 변방으로 떠도는 날짐승은 날개의 무늬가 검정인지 알 수 없다. 만질 수 없어 슬픈 여자의 등은 쌍봉낙타처럼 휘어져 있다. 그림자만 품고 몇 해의 계절을 건너온 여자는 매일 밤 이별을 한다. 목마름은 세상에서 가장 아름다운 고해성사다. 여자의 끝없는 갈증은 또 하나의 고백이다. 죽음보다 더 깊은 고독을 사랑한 여자. 그림자 없는 그림자를 사랑한 백날이 쓸쓸하게 저물어간다.

제3부

화가가 사랑한 여자 1

—그레타 가르보

청춘의 문을 열고 들어가면 그레타 가르보의 긴 손가락이 우수에 젖어 있다. 어깨에 기대인 날카로운 손톱 구름 속을 유영하고, 상념에 빠진 콧날 위에 호랑거미 집을 짓는다. 사랑을 피우지 못한 절벽 앞에서 꽃은 시든다. 감긴 두 눈은 허공을 헤치며 하늘을 응시한다. 수려한 꽃들이 여자의 무릎 위에서 다투어 핀다. 화폭을 박차고 나온 향기는 지친 어둠을 걷어낸다. 꽃들에게 발목 잡힌 영혼이 마음 둘 곳 없어 매일 밤 악몽 속을 걸어 다닌다. 수천 개의 별빛이 새벽을 흔들어 깨우자 여자는 굳게 닫힌 문 앞에서 바위가 된다.

화가가 사랑한 여자 2
—마릴린 먼로

먼로가 화병에 꽂혀 있다

제비꽃을 흠모한 천사의 입술이
머리를 휘감아 피어나고
두 눈엔 짙은 슬픔이 매달려
속눈썹을 태운다
상처로 물든 그 여자의 반달은
겹겹의 팬지로 태어나
애달픈 넋을 달래준다
사랑을 품지 못한 입술에서
붉은 고독이 몰아친다
등 뒤에 부서지는 죽음의 그림자
보랏빛으로 멍들어 간다
깊게 팬 두 볼엔
바람으로 가득 찬 우물이 찰랑거리고
날개를 잃어버린 여자는
무대 밖에서 매일 장례를 치른다

나비에게 혼을 팔아버린 여자는
불꽃 속으로 뛰어든다

화가가 사랑한 여자 3
—길례 언니

꽃들의 반란이
여자의 일생을 흔들어 깨운다
길례 언니, 하고 나직이 부르면
향기가 먼저 달려와
영혼을 깨운다
모자에서 하얀 깃털이 나부끼고
취한 꽃들은 모자챙을 감싸며 눈을 뜬다
코발트빛 나비 한 마리 날아와
혼미한 꽃향기 헤치며 고독을 실어 나른다
꿈길까지 따라온 목소리가
소록도 바다를 펴 올리고
병원 문 앞까지 우거진 그리움
꽃 피듯 담장을 넘어간다
길을 나선 혼들이
데이지 꽃으로 피어나면
헝클어진 꽃밭은
나비들의 유배지 되어 출렁인다
내일을 놓쳐버린 꽃들의 행렬은

머리에 꽃을 달고

봉황산 소나무 숲을 천천히 물들인다

풍경을 위작하다

여우비 지나간 오후
무지개 한 쌍 H미술관 지붕에 걸리면
파스텔 화선지가 공중에서 나부낀다
프리즘을 통과한 나비 떼가
진눈깨비처럼 눈물을 흘린다
물감을 덮어쓴 날개 위로
수천의 눈알이 깨어난다
가슴 끓이는 흑색 소음들은
심장을 겨냥한 화살 되어
초점 없는 동공 속을 배회한다
꽃들이 하나둘 빛을 잃어갈 때
나비마저 찾지 않는 민 눈썹 위로
한 움큼의 탄식이 흘러내린다
길을 잃은 바람 소리
은자의 흔적을 지우는 동안
뼈대만 남은 여인상 하나
거푸집을 짓는다

자화상과의 해후

가슴에 회오리가 몰아칠 때면
목을 빼고 기다리는 액자 곁으로 가서
길례 언니를 만난다
녹동 바다가 펼쳐지고
소록도 해변이 출렁이면
모자 속에서 투두둑 꽃들이 피어난다
잔잔한 입꼬리로 나비가 찾아들면
헐거운 삶을 풀어
꽃들의 영혼을 달래준다
여백 없이 끌고 가는 초시계
길례 언니가 유리창을 밀고 들어와
지친 늑골을 만져준다
어깨너머로 거센 화톳불이 일렁인다
거울 속 동공이 확장되고
화실을 맴도는 자화상 하나
불길 속으로 그림자를 던진다
먼 길 돌아온 파도가
침상에 기대어 뒤척인다

그 여자의 습윤(濕潤)

두 개의 하늘이 소용돌이친다

화폭 사이로
꽃들의 슬픔이 눈을 뜨면
갈비뼈에 새겨진 적막이 날갯짓하고
고흥 옥하리로 향하는 그리움은
여인의 새벽을 씻어준다
중독된 상처가
무채색 구름으로 부풀어 오르면
미술관 지붕 위로 허드슨 강물이 비치고
꽃 단 여인들의 행렬은 가면극을 펼친다
갇힌 태양을 풀어놓는 함성이
순례자의 풍문을 에워싸면
화가의 입술은 애를 태운다
범나비와 어우러진 색채술사의 봄이
여자의 꽃밭에서 타오르는 동안
베어 마운틴 다리 아래로
화가의 전설이 유유히 흘러간다

쓸쓸함의 사유가 깊어갈수록
그대는 기억 속에 갇힌다

나비의 혼

여자의 긴 목에서
미모사 꽃이 피어난다
나비에게 전생을 뺏긴 꽃
밤이면 날개를 훔쳐
호접 나비의 혼(魂)을 갉아 먹는다
슬픈 전설의 22페이지 위에
네 마리의 화사(花蛇)가
똬리 틀고 앉아
여자와 교감을 나눈다
이슬을 꺾어 든 백합 한 송이
뱀의 꼬리를 잡고 날아간다

낮달이 떠 있는 도시에
늦은 봄눈이 쏟아진다
폭설을 덮어쓴 화원이 박제되어
얼음 성(城)이 되고
눈 속에 갇힌 꽃들은
슬픈 울음소리를 낸다

심장이 그려진 카드를 던지자
죽었던 꽃잎들 살아나고
화관을 쓴 화가의 손끝이 타들어간다

밤마다 여자의 손톱에서
붉은 피가 쏟아진다

전설의 화폭

서른다섯 마리의 화사(花蛇)가
여자의 어깨를 감싸며
긴 혓바닥으로
붓질을 한다
푸른 화폭에서
물망초가 눈을 뜨고
깊이를 알 수 없는 탱고가 넘실거린다
저물녘
흐드러진 난초 밭에서
장자를 기다리는 여자는
망중한을 꿈꾼다
연못 가장자리로 울려 퍼지는
뱀의 울음소리를 쫓아가다 깨어난
화가의 슬픈 혼(魂)이
망부석으로 굳어간다

꽃들의 전설

그 여자의 화원에서 꽃들의 종족이 눈을 뜬다 불을 당기듯 일제히 타오르는 삼색제비꽃의 정령들은 열흘을 넘기지 못하고 떠내려간다 슬픈 운명을 건져 올려 화폭 위에 펼치면 여자의 손끝에서 팬지가 눈을 뜬다 푸른 나비를 부르는 몸짓이 애잔하다 마릴린 먼로의 입술이 꽃밭에 쌓인다 숨결에 짓눌린 작은 신발 하나가 몽환의 나락으로 떨어진다 팬지 방앗간에 새소리 우거지고 길례 언니 모자에서 노란 꽃물이 떨어진다 더 깊어진 애환(哀歡)이 소록도 하늘을 적신다 저 혼자 벙글어진 꽃들은 눈부신 무덤 속에서 부활을 꿈꾼다 화폭 위에서 꽃들이 비문증을 앓는다 소록도의 하늘이 눈을 뜨고 붉은 바다가 꽃들의 전설을 건져 올린다 주술에 걸린 여자의 머리칼이 몸부림친다 오후를 인화하는 찬비가 유리창에 매달려 젖는다 시한부의 애달픈 영혼이 허드슨 강물을 따라 흘러간다 꽃을 단 여자들은 홀로 바다의 체위를 떠받치며 꽃들의 발자국을 지운다

화가의 뒷모습

봄날이 방전되어 간다
숨 가쁘게 멀어지는 그대 뒷모습
담록색 그림자로 꿈틀거린다
늙은 감나무 혀끝에서
감꽃 하나 눈을 뜨면
충전된 밑그림이 깨어난다

모자이크로 번져나는
꽃을 단 여인들의 행렬 앞에
푸른 절규로 타오르는
흐느낌
태양의 뒤편에서 화해를 한다

무당벌레가 되어버린
그 여자
오월을 건너가는 꽃들의 전설이
난파된 섬을 건져 올리면
뭉개진 꿈들

다시

산란을 시작한다

허드슨 강가에서

별살에 취해 비틀거리는 강변을 따라
뉴저지의 아침을 걸었다
정지된 듯 흐르는 강물 위에서
자줏빛 고요가 타오르고
어떤 목소리 하나 찾아올까
귓바퀴를 세워본다

혼백이 흘러간 강 쪽으로
국화 한 송이 손끝에서 멀어지는 순간
강 건너 맨해튼의 이마가
눈시울에 젖어 들고
몽환적인 빛에
나는 투명한 고독을 삼켰다

정오의 태양이
미사를 드리는 시간
어디선가 붉은 탱고 한 자락
반짝이는 윤슬과 함께

강 한가운데서 피어올랐다

천경자의 넋처럼

석산(石蒜) 무렵

지난밤 이른 가을비에 강물이 불었다 안개 속 호접 한 마리 강물을 거슬러 오른다 강줄기 따라 꽃무릇 줄지어 물빛에 일렁인다 물을 건너는 날갯죽지에 낯선 얼굴 하나 얼비친다 지친 영혼이 잠시 천일홍 꽃대에 앉아 날숨을 몰아쉰다 나비의 한숨인지 낮달 들숨인지 모를 작은 흔들림이 젖은 볕살을 깨운다 백로 지나 불타오르는 정염(情炎) 붉은 심장은 말라버린 검은 재로 바스라진다 꽃 진 자리에 이생에서 단 한 번 스친 적 없는 별빛이 돋아난다 석산(石蒜)의 숨결이 땅속으로 스며든다

화가의 혼(魂)

꽃무릇 떨어진 날에
명주나비 한 마리 무덤가를 배회한다
이승을 떠도는 혼이
주홍색 꽃을 날개에 매달고
천상의 화원으로 날아간다
달빛이 흐르는 밤
암갈색 강물이
흔들리는 뿌리를 움켜쥐면
갈밭이 헝클어진 한숨을 토해낸다
탯줄에 감긴
갈대의 울음은 핏빛이다
서리 맞은 잎새는
수의를 걸친 채 떨고 있다
북쪽 하늘에서 타오르는 까마귀 소리
주저 없이 가라앉는다

천경자의 사막 1

여자의 사막에는 언제나 눈부신 꽃들이 창궐한다. 내리쬐는 뙤약볕 아래 무명의 꽃들은 이름 하나 얻기 위해 쉼 없이 뜨거워진다. 주변을 맴도는 종이꽃들 서로의 어깨에 기대어 눈빛을 주고받는다. 이슬이 내리지 않는 밤, 여자는 가슴을 내밀어 꽃들에게 수유를 하고 등을 토닥여 준다. 가냘픈 환희를 토해낸다. 머리칼에서 북극성이 쏟아진다. 방울뱀의 꼬리가 얼굴을 간질인다. 꽃이 되지 못한 별이 떨어진다.

밤은 깊어진다. 여자의 하늘에서 모래 기둥이 솟구쳐 오른다. 새벽까지 쿵쿵거리는 발자국들, 꽃의 그림자들, 이름 없는 날개들이 퍼덕인다. 태양이 솟을 때까지 사막은 정체를 드러내지 않는다.

그림자 없는 꽃들이 날개를 퍼덕인다. 이름 없이 피었다 지는 저 헛꽃들. 묘비명 흐려진 꽃들의 무덤은 가면을 쓰고 밤의 사막을 행진한다. 모래폭풍이 몰아칠 때면 낙타 울음소리가 하늘에 걸리고 피지 못한 꽃들이 공중 부양한다. 천년을 살고도 천명을 거역할 수 없어 하늘 향해 거꾸로 서 있는 바오바브나무의 숙명이 여자의 어제처럼 슬프다. 전갈들이 출몰하는 새벽녘, 여자의 눈동자에는 검은 태양이 이글거린다. 다시 신발 끈 조여 신기루 찾아 떠나는 사막은 내일도 만삭이다.

천경자의 사막 2

마흔아홉 고개를 넘어갈 때
킬리만자로의 만년설이 흩날렸다

끝없이 손짓하는
아프리카

코끼리 등 위에서
긴 머리카락 휘날리며
나신으로 울부짖는

슬픔은
탑이 되었다

제4부

백 년 전 그날처럼

먼 기억들이 심장을 파닥이며 달려왔다
길례 언니가 눈을 뜨고
꽃받침이 열리자
양 갈래 머리칼에서 짙은 애수가 흘러내렸다
청춘의 문 앞에서 지친 해바라기는 시들어가고
태양은 빛을 잃고 휘청거렸다
검은 새끼 고양이
울음 삼키며
슬픈 노을빛을 게워냈다
아직 인양되지 못한 꽃들의 전설이
생명의 빛으로 피어나면
봉황산 허리에 무지개 걸리고
꽃을 단 나비가 찾아와
나를 다시 유혹하리라
백 년 전 그날처럼

마흔아홉 번째의 겨울

킬리만자로의 설산이 여자의 하늘에 떠 있다
야생의 울음이 밤이슬을 적시면
불혹을 견딘 여자는
출렁대는 슬픔을 쓸어 넘긴다
눈을 감으면
어둠 속에서 희미한 얼굴 하나 다가와
어깨를 내어준다
끝없는 평원으로 태양이 떠오르고
황톳빛 고독이 아흐레 밤을 물들인다
낮달이 자궁 속 귀환을 꿈꾸며
시간의 바퀴를 굴린다

꽃들의 이름을 하나씩 불러본다
초점 흐린 눈썹이 허공에서 흐느적거리고
꽃이 되지 못한
늙은 사마귀 한 마리 느리게 초원을 건너간다
텅 빈 동공을 굴리며
서두르지 않는 긴 다리의 기품이

꽃을 단 여인을 닮았다
굴곡의 생이 애잔하다

그해 겨울은
꽃들의 이마가 따뜻했다

백야

구멍 뚫린 하늘에서
화관 쓴 초승달이 흘러내린다
동공 속에 박혀 있던 하이힐 소리
필라델피아 폭죽에 맞춰
밤의 왈츠를 춘다
해바라기가 달빛을 기다리며
사막여우의 울음을 말아 올릴 때
눈썹 위에서 오로라가 빗발친다
푸른 민들레가 눈을 뜨고
가슴에 별을 꽂은 무희가
연체동물처럼 흐느낀다
부엉이는 꿈속으로 날아가고
이카로스의 날개만 남아
자정을 지킨다
거미줄에 걸린 밤
도둑맞은 페르소나 가면
마비된 태양을 향해 짖어댄다
세상 기둥들이

어둠을 밀어 올리는 동안
이름 없는 지상의 별들
하얗게 출력된다

아프리카의 슬픔

돌아보지 말라는 꽃들의 아우성이
허공을 물들인다

꽃들의 종족에 합류하지 못해
흔적 없이 떠나올 때
돌계단에 앉아 바라보던 어머니의 눈빛이
먼 사막에 닿는다

바오바브나무 아래 서면
뭉크의 절규가 떠오르지만
킬리만자로는 침묵을 강요한다

꽃들의 아우성조차도 검은,
아프리카의 슬픔이여

불가사리의 꿈

캄브리아기를 빠져나온 불가사리
바닷속을 기어다닌다

형벌을 피할 수 없어
바다를 짊어진 등짝에 검붉은 장미를 새겼다
깊은 물속을 유랑하는 자웅동체
상처 난 가슴이 파도를 재촉하면
갈라진 손바닥 사이로
한 생이 건너간다

썰물이 지나간 모래펄 위에 새겨진
불가사리의 생애

별자리를 분양받지 못하고
가라앉은 어둠을 건져 올려
심해의 별로 반짝인다

시간 이탈

시간은 광속으로 흐르고 있었다
화실에 걸려 있는 여자의 일상은 타임캡슐을 삼킨 21세기 화원이었다

지천명에 꽃피운 바오바브나무의 생애
고흥 앞바다를 건너온 눈부신 혁명은 갤러리 지붕에서 출렁이고
화려했던 꽃들의 이야기는
철학으로 나부꼈다

시공이 흔들리고
꿈틀거리는 이상기후들이 무성한 소문들로 돋아났다
세상이 흔들어 놓은 여자의 삶은
뜨겁게 부풀어 올라
구멍 뚫린 거북 등껍질 속으로 길을 내었다

그렇게
벽을 빠져나간 시간들이 지나고

미술관이 온통 백색소음으로 물들어갈 때

시계는

푸른 뜰을 잃어버린

벙어리가 되었다

화가의 비애

액자 속 눈망울이 눈발을 풀어놓는다 먹구름을 헤치고 나온 자화상은 두 개의 가면을 꺾어 들고 시간의 톱니바퀴를 굴린다 전생을 건져 올리는 가시고기의 숨결이 파도를 일으킨다

천둥소리 옷깃에 쌓이면
화폭 위에서 비문증 앓는 꽃잎이 진다
하늘이 눈을 뜨자 꽃들의 비명이 나부끼고
소리는 붉은 화석이 된다
주술에 걸린 머리칼이 몸부림치는 오후가 되면
물푸레나무에 매달린 젖은 영혼 하나
여자의 화수분을 기억한다

귀가 잘린 화폭이 요동치는 눈빛으로 바다를 건져 올린다 거침없는 붓질이 프리다 칼로의 왼쪽 발을 수평선에 풀어놓는다 또 다른 바다가 불타오르면 하늘 끝으로 범나비가 전생을 끌고 간다

화사(花蛇) 꼬리에서 날개가 돋아난다 아흔의 붉은 울음 수

천의 플루메리아를 복사한다 회랑을 휘도는 미인도의 미소가
절망을 끌어당겨 입을 맞춘다

붉은 가시나무

하늘을 회색빛으로 물들인 여자는
흐느낌을 삼키며 떨고 있다
거친 벌판에서 풀려난 눈망울이
가시밭길을 걸어간다
검은 대지를 건너온 자화상은
어깨를 들썩이며 운명의 톱니바퀴를 굴리고
장미 가시에 찔린 작은 새의 탄식은
등 굽은 바위가 된다
차가운 빗방울이
질푸른 기억을 건져 올릴 때
요동치는 날개는 호수를 끌어당긴다
물 위를 떠도는 백조의 긴 모가지
바람의 숨결에 내리꽂힌다
아흔의 생애 위로 진눈깨비 흩날리고
붉은 가시나무에 걸린 어둠이
여자의 고요 속에 묻힌다

나부(裸婦)의 화가

검은 벽을 타고
여자의 눈물이 흘러내린다

허공을 헤매는 눈동자
홀씨 되어 날아다니고

부유하는 속눈썹
볼록 판화처럼 공중에 찍힌다

잠들지 않는 미소
유성우로 쏟아지는
꽃잎들

여자는
나부(裸婦)가 되어 날아오른다

사모아 사모아

지난밤 꿈길에서
자동차가 바다 위로 미끄러졌다
차창 밖으로 구름이 쏟아지고
사이드미러에 파도가 매달렸다
수평선을 꿰차고 달리는 아쿠아리움
어린 물고기들이
운전대를 잡고 사투를 벌였다
밀물 때를 기다린 화원에는
장미가 안개를 피우고
가시에 찔린 고뇌가 녹아내렸다

한밤중
화물기가 바다를 싣고 비행을 했다
화성에 섬 한 채 풀어놓자
가문비나무에 별빛이 우거지고
전갈들이 몰려와 별을 갉아 먹었다

하와이안 무궁화를 꽂고

콧날에 속눈썹이 걸린 파고휘 양
새벽 제단에는
상현달 울음소리가 쌓였고
꿈에서 깨어난
눈썹 긴 별들이 하나둘 꼬리를 감추었다

여자의 우물

여자의 텅 빈 눈 속에
깊이를 잴 수 없는 우물 하나 품고 있다
백치미에 빠진 얼굴 가득
주름진 꽃들이 낭자하다
팬지꽃 눈썹 위로 설익은 소음이 우거져
콧날 위에서 아우성치고
붉은 샐비어 입술을 들어 올린다
마파람이 귓바퀴를 굴리면
멀리서 교당 종소리 울려 퍼지고
수양버들 긴 팔이 머리칼을 쓸어내린다
여자의 목덜미에
노랑나비가 입을 맞추는 동안
팔을 괴고 누운 무릎에서
공작새 한 마리가 깨어난다
달빛이 쏟아지면
여자의 오른쪽 가슴에서
달맞이꽃이 피어난다
캔버스에 달그림자 빗발치는 날엔

우물 속에서

여자의 아우라가 출렁인다

떠돌이 꽃

잠들지 못한 꽃잎들이
강물에 떠내려간다

물속으로
제 영혼을 던진 떠돌이 꽃들

물그림자보다 먼저
흔들린다

꽃에 편승하지 못한 화가의
유전자 없는 생(生)

이젤 속으로
뒷모습을 숨긴다

벽 앞의 여자

낯선 구름의 출몰에
놀란 하늘은 우울증에 시달린다
무리에 편승하지 못한 상자 속의 꽃뱀들
엉켜진 꿈들이 화폭 위를 기어 다니면
꽃들의 전생은 빗방울 속에서 춤을 춘다
떠돌이 구름은 두드려도 열리지 않고
벽 앞에 선 여자는 실눈을 뜨고
가녀린 손가락으로 자물쇠를 켠다
벽을 열고 들어선 여자의 눈빛에
십이월의 고홍 바다가 펼쳐지고
오후를 물들이는 윤슬은
반짝이는 전설로 우거진다

허드슨 강가에서 2

아득한 꽃들에서 풀려난
두 개의 태양이
강물 위에 내리꽂히고 있었다
꽃을 단 여인들이 물살에 떠내려와
알라만다 꽃을 뿌리며
강물 위를 걸어 다녔다

만남은 이별을 전제로 하는 것
떠나는 발걸음 못내 아쉬워
강물 위
낮달에 편승하자
찬란하게 빛났던 화가의 여정이
항해를 시작했다

장시간의 비행을 끌고 갈
시린 발목이 눈부셨다

누군가 내 옷자락을 끌어당겼다

돌아보니

시월의 눈빛이었다

화가의 미술관

화가를 만나러 미술관 간다. 현관에 들어서면 부화를 기다리는 애벌레들이 허공을 떠다닌다. 나는 애벌레들의 꿈을 채집하여 귀에 꽂는다.

숲길을 거니는 화가의 실루엣이 기억의 색채를 불러온다. 숲의 정기를 빨아올리는 나비들의 날갯짓이 천장을 흔든다. 나무들은 노래하고 부겐빌레아는 왈츠를 춘다.

꽃향기 가득 일렁인다. 늑골을 파고드는 푸른 찰나가 내 고막의 빗장을 열어젖힌다. 여자의 정령이 화폭 주위를 맴돈다. 물결치는 사유가 메아리 되어 돌아온다.

갤러리에 눈부신 파도가 들이친다.

해설

여자는 어떻게 신화가 되는가

김보람(시인)

우리가 '본다'고 말할 때, 그것은 외부의 사태가 우리 안에서 하나의 형상으로 자리 잡는 순간을 뜻한다. 지각은 단순히 감각 기관의 기능에 머물지 않는다. 때로는 언어보다 먼저 스쳐 지나가는 어떤 감각이 풍경의 구조를 슬그머니 바꿔놓곤 한다. 그때 우리는 문득, "의미의 과거는 미래로부터 와서 현재를 지나 사라져 가는 과거가 아니라 오히려 현재를 예측 불가능한 미래로 개방하며 끊임없이 새롭게 창조하는 과거"[1) 라는 사실을 확인하게 된다. 어쩌면 우리가 어떤 장면을 본다고 느끼는 경험은 창조적 과거가 현재로 개입해 감각의 질감을 새로 짜놓는 일인지도 모른다.

---

1) 김재희, 『베르그손의 잠재적 무의식』, 그린비, 2011, 17쪽.

내 앞의 독서대에서도 그런 미묘한 지각의 사건이 일어나고 있다. 그 위에는 두 개의 묶음이 나란히 포개져 있다. 한쪽에는 가장자리가 손때에 눌린 천경자의 화집이, 다른 한쪽에는 갓 출력되어 아직 온기가 식지 않은 정경미의 시집 원고가 놓여 있다. 책장 사이에 끼어 있던 색의 잔향과 복사기에서 막 나온 잉크 냄새가 공기 속에서 은근하게 뒤섞인다. 화집과 원고를 번갈아 펼쳐보며, 서로 다른 시대의 숨결이 종이 위에 맞닿는 순간을 가만히 지켜본다. 바깥의 오후 풍경은 늘 그렇듯 평온하다. 나무들은 일정한 간격으로 서 있고, 사람들은 각자의 속도로 오가며 아무 일도 일어나지 않는 듯한 공기를 만든다. 작은 소음들은 일정한 박동처럼 이어지고, 그 반복은 이 공간의 정상성을 조용히 떠받친다. 그러나 책상 위의 페이지들은 단조로움을 단번에 밀어낸다. 장을 넘길 때마다 색은 폭설처럼 쏟아지고, 단어들은 제멋대로 날아올라 서로의 경계를 지워버린다.

내게 먼저 다가오는 것은 어느 화가의 이름도, 어느 시인의 목소리도 아니다. 가장 먼저 도착하는 것은 색이다. 색이 흔들리고 번지고 튀어 오르며 스스로 이야기를 만들기 시작한다. 그 뒤에야 여자의 얼굴이 어렴풋이 떠오르고, 그 얼굴을 따라 오래 묻혀 있던 상처와 기억이 비로소 윤곽을 드러낸다. 그래서인지 화집과 원고를 펼쳐 드는 이 시간이 하나의 문을 열어젖히는 동작처럼 느껴진다. 화가의 색과 시인의 언어가

서로에게 닿는 순간, 언어는 눈이 되고 색은 숨이 된다. 이 해설은 바로 그 지점—색이 먼저 말하고, 여자가 뒤를 따라오는 자리—을 더듬어가며 쓰는 기록이다. 어쩌면 이 낯선 떨림은 "비밀의 화원을 엿본 죄/바람을 사랑한 죄"(「비밀의 화원」)처럼 말의 바깥에서 여자를 일으켜 세우는 힘인지도 모른다.

1. 색이 먼저 말한다

정경미의 시 속에서 '여자'는 한 사람을 넘어서 있다. 시인은 현실의 여성을 데생하듯 옮겨 적지 않는다. 오히려 여자의 상처와 욕망, 기력 없는 오후와 서늘한 마음, 소리 내지 못한 내면의 울림을 고스란히 신화적 징후로 끌어올린다. 시 안에서 여성은 더 이상 특정한 누군가가 아니다. 서로의 고통을 뼈째로 나누고, 서로의 상흔을 거울처럼 비추며, 서로의 이름이 희미해질 만큼 겹치는 집단적 존재가 된다. 이때 천경자는 현실의 화가라기보다, 정경미의 상상력이 닿아도 안전하게 머물 수 있는 무대처럼 작동한다. 들뢰즈식으로 말하자면, 천경자는 '되기(becoming)'의 경로다. 시인은 천경자의 얼굴을 통과하되, 그 얼굴에 갇히지 않는다. 공간을 채우는 것은 정경미가 오래 품어온 여성성의 원형들이다. 그러므로 여성은 '존재(being)'나 '소유(having)'의 질서로는 설명되지 않는다. 그들은 하나의 상태에 머무르지 않고 끊임없이 '-되어가는' 운동 속에서 스스로를 확장해 간다. 전설의 자국을 품은 여성, 비극의 여운을 지닌 여성, 꽃으로 환생하는 여성, 슬픔을 등에 지고도 끝내 나비를 불러내는 여성까지. 그 모든 형상은 하나의 흐름으로 맞물린다. 이렇게 탄생한 '여자'는 현실을 벗어나면서도 현실을 감싸 안는 서사의 문턱을 밟고 서 있다.

뙤약볕 아래 두꺼비 한 마리
헛꽃을 입에 물고

화폭과 마주하며 살아온
아흔 평생이 말을 걸어온다

보랏빛 환상은 비를 부르고
우렛소리 지나간 하늘엔
태양의 텅 빈 동공

화가의 뜰에 쏟아지는 황금비
여자의 지친 손은
혼 빠진 꽃들을 쓸어 담는다

붓끝에서 흘러내리는 용암이

미라로 잠든 꽃들을 깨운다

화원으로 찾아드는

나비 떼

—「여자의 전설」 전문

그 대표적 예가 「여자의 전설」이다. 시는 첫 행부터 "뙤약볕 아래 두꺼비 한 마리/헛꽃을 입에 물고"라는 기묘한 장면을 내던지며 독자를 단번에 생경한 세계로 끌어들인다. 현실의 논리로는 함께 놓일 수 없는 "두꺼비"와 "헛꽃"이 한 프레임 안에서 맞물리는 순간, 시는 이미 신화의 문턱을 넘어선다. 이어지는 "보랏빛 환상은 비를 부르고/우렛소리 지나간 하늘엔/태양의 텅 빈 동공"에서 "동공"은 빛의 중심이 빠져나간 자리, 말로 붙잡기 어려운 공백(out of joint)의 감각을 드러낸다. 이때의 "태양"은 더 이상 생명의 상징이 아니라, 한때 격렬히 타올랐으나 지금은 중심이 비워진 감정의 잔흔으로 남는다. 그러나 여성은 빈자리에 머무르지 않는다. 자연의 기운을 흔들고, 계절의 숨결을 흐트러뜨리며 환상과 현실 사이를 가로지르는 존재로 새롭게 태어난다. 마지막 연의 "붓끝에서 흘러내리는 용암이/미라로 잠든 꽃들을 깨운다"라는 구절은 변환의 순간을 포착한다. "용암"은 상처의 뜨거운 기운이자 창조로 향하는 움직임이고, "미라로 잠든 꽃"은 오래 봉인된 그늘과 욕망이 깨어나는 자리다. 숨죽인 불씨가 열(熱)이 되고, 고통이 불꽃의 이미지로 번질 때 정경미의 '여자'는 마침내 다시 일어난다.

> 마른 눈물이 이젤 위에서 꽃으로 환생한다
>
> 삼월 그믐달이 차오르고 밀물이 밀려들 때면 마을엔 정신을 놓은 여자들이 줄을 선다 밤이 깊어갈수록 정신을 놓은 꽃들이 들판을 배회한다 슬픔이 눈가에 맺히면 어진 목숨들이 달빛에 시들어간다 현실의 벽 앞에 혼을 놓아버린 오필리아여! 고통을 견디지 못해 차라리 환상 속에 빠져드는가 일그러진 웃음 날리며 여인들은 허공에 꽃을 심는다 반쯤 벌린 입술로는 나비를 부를 수 없다 봉황산 자락에 떠도는 영혼들이여, 머리에 꽃을 꽂고 나에게 오라
>
> —「오필리아」 전문

「오필리아」는 "삼월 그믐달"과 "밀물"이라는 기울어진 시간에서 막을 연다. 계절의 떨림과 바닷물의 진동은 여성들 마음속에 잠복해 있던 균열을 일으킨다. "정신을 놓은 여자들이 줄을" 서는 장면은 고통이 고통을 부르며 퍼져나가는 비애의 파문을 만든다. 이때의 '오필리아'는 더 이상 셰익스피어의 비극적 잔상에 한정되지 않는다. "여인들은 허공에 꽃을 심는다" 라는 구절은 현실에서 발 디딜 곳을 잃은 이들이 마지막으로

흔들리는 순간을 포착한다. 그 파장 사이로 "그림자만 품고 몇 해의 계절을 건너온 여자는 매일 밤 이별을 한다."(「천경자의 남자 2」)는 문장이 자연스레 겹친다. 허공의 꽃처럼, 시간을 건너온 여인의 정한도 제자리에서 매일 이별을 되풀이한다. "반쯤 벌린 입술로는 나비를 부를 수 없다"라는 말은 회복이 끝내 숨결로 이어지지 못하는 순간을 선명하게 그려낸다. 그러나 시는 절망으로 닫히지 않는다. "봉황산 자락에 떠도는 영혼들이여, 머리에 꽃을 꽂고 나에게 오라"는 부름은 스러진 자리들이 어느 순간 서로를 호명하는 지점으로 바뀌고 있음을 보여준다. 이렇듯 '오필리아'는 고립된 비극의 주체라기보다, 저문 슬픔 속에서 또 다른 여인을 이끄는 작은 목소리로 남는다.

두 개의 하늘이 소용돌이친다

화폭 사이로
꽃들의 슬픔이 눈을 뜨면
갈비뼈에 새겨진 적막이 날갯짓하고
고흥 옥하리로 향하는 그리움은
여인의 새벽을 씻어준다
중독된 상처가
무채색 구름으로 부풀어 오르면
미술관 지붕 위로 허드슨 강물이 비치고

꽃 단 여인들의 행렬은 가면극을 펼친다
갇힌 태양을 풀어놓는 함성이
순례자의 풍문을 에워싸면
화가의 입술은 애를 태운다
범나비와 어우러진 색채술사의 봄이
여자의 꽃밭에서 타오르는 동안
베어 마운틴 다리 아래로
화가의 전설이 유유히 흘러간다

쓸쓸함의 사유가 깊어갈수록
그대는 기억 속에 갇힌다

—「그 여자의 습윤(濕潤)」 전문

오래 눌린 감정이 표면으로 떠오를 때, 과거와 현재는 어느새 한 장면 안에서 뒤엉킨다. “두 개의 하늘이 소용돌이친다”라는 첫 구절은 바로 그 충돌의 단층을 드러낸다. “슬픔이 눈을 뜨”고 적막이 “날갯짓하”는 대목에서는 몸 깊은 곳에 가라앉아 있던 감정의 물기가 다시 솟구치는 순간을 포착한다. 습윤은 기억이 물성을 얻는 자리다. “고흥 옥하리”라는 지명은 개인적 그리움이 특정한 시간과 장소를 통과하며 역사적 결을 품게 되는 지점을 상징한다. 과거의 잔상과 현재의 낌새가 서로를 스치며 한 여성의 내면에 차곡차곡 침전한다. “꽃 단 여인들의 행렬"은 화려한 겉모습 뒤편에 남은 오래된 흔적을 비춘다. "허드슨 강"과 "베어 마운틴" 같은 외부의 풍경 속에서도 여성들의 몸짓은 지울 수 없는 슬픔의 문장을 반복한다. 개인의 정서가 세계로 번지고, 세계의 상처가 다시 개인에게 돌아오는 순환이 이 시의 바탕을 이룬다. 그러므로 "그대는 기억 속에 갇힌다"는 한 사람의 단일한 사연으로만 읽히지 않는다. 여러 시대의 여성들, 말해지지 못한 역사, 잊힌 얼굴들이 함께 머무는 더 깊은 층위를 가리킨다. 「그 여자의 습윤(濕潤)」은 결국 여성적 기억의 포화, 그리고 그 기억이 몸과 시간을 가로지르며 다시 쓰이는 과정을 보여준다. 한 사람의 눈물에서 시작된 감정은 여러 세대가 남겨놓은 물기의 아우라로 번져나간다.

2. 색은 설명보다 빠르다

색은 사물의 겉면을 칠하는 데서 끝나지 않는다. 그것은 먼저 마음을 건드리고, 몸 안쪽을 울리는 파동을 일으키며 어떤 감각을 예비한다. 이러한 감각의 진동은 정동(affect)의 영역과 맞닿아 있다. "정동은 의식화된 앎 아래나 옆에 있거나, 또는 아예 그것과는 전반적으로 다른 내장의(visceral) 힘들, 즉 정서(emotion) 너머에 있기를 고집하는 생명력(vital forces)에

우리가 부여하는 이름”[2]이다. 다시 말해 정동은 힘들의 마주침, 조우에서 비롯되는 원초적인 움직임을 말한다. 이 핵심은 언어가 된 감정이 아니라, 서로 다른 세계가 스칠 때 몸이 새롭게 얻게 되는 잠재적 능력에 있다. 이 관점에서 보면, 정경미의 색채는 ‘의식 이전의 생명력’이 시어의 표면까지 밀고 올라온 자취다. 그녀의 시에서 색은 언제나 사물보다 먼저 도착한다. 감정이 형체를 갖기 전, 색이 먼저 화면을 흔들어 깨우고 장면의 구조를 재배열한다. 그래서 “보랏빛 폭풍우”(「스물두 번째의 겨울 1」), “황금비”(「여자의 전설」), “담록색 그림자”(「화가의 뒷모습」), “붉은 샐비어 입술”(「여자의 우물」), “검은 대지”(「붉은 가시나무」)와 같은 표현들은 단순한 묘사가 아니라 내면의 압력이 순간적으로 치솟아 남긴 기운으로 읽힌다. 실제 색보다 감정의 불꽃이 먼저 장면을 물들이기 때문이다.

> 여자의 긴 목에서
> 미모사 꽃이 피어난다
> 나비에게 전생을 빼긴 꽃
> 밤이면 날개를 훔쳐
> 호접 나비의 혼(魂)을 갉아 먹는다
> 슬픈 전설의 22페이지 위에

---

2) 멜리사 그레그·그레고리 시그워스 편저, 『정동 이론』, 최성희·김지영·박혜정 역, 갈무리, 2016, 14~15쪽.

네 마리의 화사(花蛇)가
똬리 틀고 앉아
여자와 교감을 나눈다
이슬을 꺾어 든 백합 한 송이
뱀의 꼬리를 잡고 날아간다

낮달이 떠 있는 도시에
늦은 봄눈이 쏟아진다
폭설을 덮어쓴 화원이 박제되어
얼음 성(城)이 되고
눈 속에 갇힌 꽃들은
슬픈 울음소리를 낸다
심장이 그려진 카드를 던지자
죽었던 꽃잎들 살아나고
화관을 쓴 화가의 손끝이 타들어간다

밤마다 여자의 손톱에서
붉은 피가 쏟아진다

—「나비의 혼」 전문

「나비의 혼」은 첫 장면에서부터 현실의 경계를 벗어난다. "여자의 긴 목에서/미모사 꽃이 피어"오르는 순간, "나비에게 전생을 뺏긴 꽃"은 존재의 질서를 흔들어놓는다. 이어 "밤이면" 그 꽃이 "날개를 훔쳐/호접 나비의 혼(魂)을 갉아 먹는다"는 장면에서 '꽃', '나비', '여자', '혼(魂)'은 서로의 경계를 넘나들며 하나의 감각적 이미지를 만들어낸다. 이는 상징체계를 설명하려는 기호라기보다, 욕망과 결핍이 밀어 올린 색채의 반응에 가깝다. "슬픈 전설의 22페이지"라는 문장은 이러한 장면이 개인적 정서를 넘어서는 차원에 놓여 있음을 암시한다. 여러 시대의 서사가 이미 그 페이지 위에 포개져 있고, 그 위에서 "네 마리의 화사(花蛇)가/똬리를 틀"며 장면의 호흡을 바꾸기 시작한다. "뱀의 꼬리를 잡고 날아간다"는 비약은 순결과 위험, 성스러움과 죄의식이 한순간 뒤엉키는 찰나를 포착한다.

"낮달이 떠 있는 도시" 아래 "늦은 봄눈이 쏟아"지고, "화원"은 "폭설을 덮어쓴" 채 "얼음 성(城)"으로 굳어간다. 생과 사, 개화와 동결이 한 화면에서 맞부딪칠 때 "눈 속에 갇힌 꽃들"의 "울음"은 얼음 아래서 미세한 진동으로 남는다. 이 얼어붙은 풍경을 가르는 것은 "심장이 그려진 카드" 한 장이다. 카드가 공중을 통과하는 순간에 "죽었던 꽃잎들 살아나고/화관을 쓴 화가의 손끝이 타들어간다". 생명을 깨우는 행위와 손끝이 데어가는 감각이 동시에 일어난다. 이미지를 되살리는 일과 시인의 내면이 뜨거워지는 변화가 한 동작 속에서 포개진다. "밤마다 여자의 손톱에서/붉은 피가 쏟아진다"라는 한 줄은 이 모든 모티프를 응축한다. '붉음'은 상처이자 잔여이며, 앞서 지나간 '미모사', '나비', '화사(花蛇)', '폭설', '얼음 성(城)', '화관'이 남기고 간 색의 결정체다. 이미지는 의미보다 먼저 움직이고, 색은 해석을 앞질러 몸을 두드린다. 중요한 것은 '무엇을 말하느냐'가 아니라, 장면이 사라진 뒤에도 오래 남아 감각을 흔드는 잔광의 기류다.

범 무늬 앞치마에서 비둘기 날아오른다

날개를 펼치고
동공 풀린 백치의 신화를 쓴다

용암을 품은 눈빛이
어둠 속에서 화염을 뿜어낸다

타는 봄날
등꽃으로 환생한

봉인된
22페이지의 입맞춤이다

—「화가의 봄날」 전문

정경미의 시에서 결정적인 순간은 언제나 색이 감각의 기원을 살짝 비틀어놓는 지점에서 찾아온다. 이미지란 어떤 장면을 재현하는 도구가 아니라, 지금 이곳에서 막 태어나는 감각의 운동에 가깝다. 세계는 묘사의 완결을 벗어나 색의 일렁임을 통해 재편된다. 「화가의 봄날」에서 '봄'은 자연의 순환을 가리키지 않는다. 그것은 화가의 몸에서 솟는 각성의 온도다. "범 무늬 앞치마에서 비둘기 날아오"르는 장면 역시 사실을 본뜬 묘사라기보다 심리의 내부에서 번쩍이는 한 조각의 심상에 가깝다. 이 시에서 색은 내면에서 치밀어 오른 빛과 열기의 표현이다. "용암을 품은 눈빛", "화염을 뿜어낸다"라는 구절은 분출 직전의 감각이 색을 통해 서서히 그러나 분명하게 터져 오르는 에너지를 품고 있다. 색은 외양을 덧칠하는 기능을 넘어서 정서가 형태를 얻기 위해 택한 첫 번째 언어다. 감각은 시각으로 번져가고, 몸의 열기는 빛의 파동으로 치환된다.

롤랑 바르트가 『밝은 방』에서 말했듯, 어떤 이미지는 나를 찌르고 상처 입히는 찔림, '푼크툼(punctum)'을 남긴다. "타는 봄날"이 바로 그 강렬한 순간을 소환한다. 이때의 봄은 더 이상 온화한 계절과는 전혀 다른, 몸 깊은 곳의 열이 장면의 흐름을 뒤집어놓는 기폭제로 작동한다. "등꽃으로 환생"하는 이미지 또한 사물이 변신하는 모습이라기보다 감정의 온도가 순간적으로 뒤집히는 짧은 틈을 시각화한 것이다. 색이 보이지 않는 에너지와 합을 이루는 순간, 화폭은 현실의 구조를 잠시 이탈하며 감각의 파문에 따라 흔들린다. "봉인된/22페이지의 입맞춤"은 오래 응축된 이미지가 첫 숨을 내뱉는 찰나를 향해 시선을 집중시킨다. "22"라는 숫자는 색채의 발화점을 기록하는 암호처럼 각인된다. 이러한 환상적 과잉은 정경미의 색채가 세계를 조직하는 방법이다. 대상은 뒤로 물러서고, 색이 먼저 걸어 나와 감각의 지형을 새롭게 빚어낸다.

3. 기억의 지층과 예술가의 초상

시에서의 시간은 곧게 미끄러지지 않는다. 앞에서 뒤로만 흐르는 선형적 질서와는 거리가 있다. 시의 감각은 시간을 일직선으로 바라보기를 거부한다. 한 줄로 미끄러지는 대신 과거와 현재, 아직 도착하지 않은 미래의 순간들이 서로의 가장자리에서 여러 겹의 주름을 만든다. 현재 속에서 다시 태어나는 과거가 있고, 이미 와 있는 미래의 기미가 동시에 작동하는 장(場)이 있다. 그래서 시 속의 시간은 흐른다기보다 포개지고 스며들고 때로는 되돌아오는 움직임에 더 가깝다.

베르그송이 말한 '지속(durée)'—과거와 현재가 완전히 분리되지 않고 서로의 결을 따라 겹쳐 흐르는 시간—은 정경미의 시가 움직이는 방식과 어딘가 닮아 있다. 지속은 "질적 변화를 의미하는데, 이 질적 변화는 우주 전체에서 나타나는 존재방식이다. 그것은 끝없는 파동적 흐름 속에서 각 영역마다 고유한 리듬을 보여준다."[3] 정경미가 붙잡아내는 기억 역시 단선적으로 이어지지 않는다. 오래된 역사, 개인의 감정, 특정 장소의 냄새와 빛이 서로의 층위를 비집고 들어와 한 여자의 내부에 정착한다. 천경자의 그림은 이 다층적인 흐름 가운데 작은 다리처럼 놓여, 색과 기억이 서로를 건너가도록 돕는 매개가 된다.

별살에 취해 비틀거리는 강변을 따라
뉴저지의 아침을 걸었다
정지된 듯 흐르는 강물 위에서
자줏빛 고요가 타오르고
어떤 목소리 하나 찾아올까
귓바퀴를 세워본다

혼백이 흘러간 강 쪽으로
국화 한 송이 손끝에서 멀어지는 순간
강 건너 맨해튼의 이마가
눈시울에 젖어 들고
몽환적인 빛에

---

3) 황수영, 『물질과 기억, 시간의 지층을 탐험하는 이미지와 기억의 미학』, 그린비, 2018, 59쪽.

나는 투명한 고독을 삼켰다

정오의 태양이
미사를 드리는 시간
어디선가 붉은 탱고 한 자락
반짝이는 윤슬과 함께
강 한가운데서 피어올랐다

천경자의 넋처럼

—「허드슨 강가에서」 전문

'허드슨 강'은 떠나온 시간들이 수면 아래서 천천히 떠오르는 기억의 지층이다. "정지된 듯 흐르는 강물"이라는 역설적 이미지는 멈춤과 흐름이 동시에 스며드는 시간성을 드러내며, 그 빛 속에서 주체의 과거와 현재가 자연스레 포개진다. "국화 한 송이"가 물 위로 멀어지는 순간 "강 건너 맨해튼의 이마가/눈시울에 젖어" 드는 변화 역시, 도시가 감정을 비추는 것이 아니라 감정이 세계의 표정을 바꾸는 장면이다. 이 강은 한 사람의 기억을 실어 나르는 지형이기도 하다. 고흥의 바람과 유년의 냄새, 잃어버린 얼굴의 잔광이 차례로 떠오르고, 물결 그 기척을 조용히 몸 안쪽까지 흘려보낸다.

강가를 걷는다는 것은 하나의 물길 위에서 서로 다른 시간들이 스치며 흔들리는 경험이다. "정오"의 빛 아래 "붉은 탱고 한 자락"이 피어오를 때, 시각은 표면적 반짝임을 넘어선다. 흘러온 것들과 떠나온 것들, 이제는 닿을 수 없는 것들의 등줄기가 한꺼번에 달아오른다. 강물 위로 번지는 색과 소리는 유랑의 시간이 녹아든 몸짓처럼 울리고, 그 진동 속에서 주체는 자신의 오래된 그림자를 건져 올린다. "천경자의 넋처럼"이라는 구절은 강이 품어온 여성 예술가들의 숨결을 은밀히 불러낸다. 그들의 고독과 열망, 한 시대를 지탱했던 색의 힘이 강물 위에 얇게 스며들고, 그 안에서 주체는 잊고 있던 자신의 형상을 마주한다. 그렇게 '강가'는 한 사람의 삶을 비추는 수면이면서 여러 겹의 시간이 동시에 머무는 '장소(topos)'가 된다.

화가를 만나러 미술관 간다. 현관에 들어서면 부화를
기다리는 애벌레들이 허공을 떠다닌다. 나는 애벌레들의
꿈을 채집하여 귀에 꽂는다.

숲길을 거니는 화가의 실루엣이 기억의 색채를 불러온
다. 숲의 정기를 빨아올리는 나비들의 날갯짓이 천장을
흔든다. 나무들은 노래하고 부겐빌레아는 왈츠를 춘다.

꽃향기 가득 일렁인다. 늑골을 파고드는 푸른 찰나가
내 고막의 빗장을 열어젖힌다. 여자의 정령이 화폭 주위를 맴돈다. 물결치는 사유가 메아리 되어 돌아온다.

갤러리에 눈부신 파도가 들이친다.

—「화가의 미술관」 전문

'미술관'은 더 이상 고요함에 고착되지 않는다. "부화를 기다리는 애벌레들이 허공"에 떠다니는 광경은 열리지 않은 시간들이 어둠 속에서 천천히 몸을 틀기 시작한다는 신호다. 주체가 그 미세한 울림을 "귀에 꽂는다"라고 표현하는 것은 이미지가 눈에 도달하기도 전에 먼저 신체가 반응하는 순간을 드러낸다. 이곳은 관람의 장소라기보다 잠들어 있던 기억이 슬며시 움직이며 열리는 문턱에 가깝다. 이어 "숲길을 거니는 화가의 실루엣", "나비들의 날갯짓", "천장을 흔"드는 진동이 잇따라 떠오르면서 그림 속에 머물던 시간이 지금—여기의 감각을 밀어 올린다. 이 숲의 파문은 정적을 가르는 시간이자, 오래 잠들어 있던 이미지가 현재를 깨우는 시작점이다.

"늑골을 파고드는 푸른 찰나"는 이 시의 심장부다. 이미지는 눈에 비치기 전에 "늑골"과 "고막" 같은 더 깊은 감각 기관으로 스며든다. 기억은 머릿속에서 환기되는 개념이 아니라, 신체의 가장 안쪽에서 되살아나는 떨림임을 일러준다. 이때 스쳐 가는 "여자의 정령"은 환시가 아니다. 천경자의 색과 숨결이 화폭 밖으로 흘러나오며 미술관 전체를 적시는 빛의 잔

혼으로 응축된다. “갤러리에 눈부신 파도가 들이친다.”라는 문장은 정지된 이미지가 마침내 시간의 물결과 접촉하며 내부의 심지(心地)가 뒤집히는 순간을 암시한다. 여기서의 “파도”는 기억이 깨어날 때 몸속에서 솟구치는 광채다. 「허드슨 강가에서」가 흐르는 물결 속에서 과거를 끌어올렸다면, 「화가의 미술관」은 멈춘 그림의 표면에서 시간이 다시 몸을 일으키는 방식을 보여준다. 시인에게 미술관은 색과 기억이 보존된 감각의 서재이면서 여성 예술가들의 숨결이 낮게 펴져 호흡을 얻는 내면의 전시장이다.

『천경자, 나비가 된 화가』를 읽을수록 또렷해지는 것은 천경자의 삶이 아니다. 그 생을 통과하며 점차 자신의 형체를 드러내는 정경미라는 존재다. 시인은 천경자를 모방하거나 뒤따르지 않는다. 그녀의 세계를 한 겹의 막처럼 건너가면서 그 아래에 눌려 있던 자신의 언어와 감각을 서슴없이 끌어올린다. 천경자의 그림은 정경미에게 도달해야 할 목적지가 아니다. 오히려 조용히 틈처럼 열려 있던 차연(différance)—의미가 머무르지 못하고 미끄러지는 빈자리—에서 오래 숨죽이던 말들이 다시 빛을 얻는 공간에 가깝다.

그 긴 통로를 지나는 동안 가라앉아 있던 상처와 그림자, 욕망의 온기가 어느 순간 불현듯 몸을 일으킨다. 타인의 세계를 건던 발걸음이 어느새 자신만의 신화를 구축하는 길로 방향을 바꾸는 것이다. 결국 이 시집의 의미는 한 문장으로 수

렴된다. “붓끝에 끌려온 굽은 길들이 일어서는 날이다.”(「맨발의 여자」) 천경자를 거울처럼 통과한 자리에서 정경미는 이윽고 자기 초상을 다시 불러낸다. 외로워 보이던 종이 한 장이 스스로 창을 틔우는 꿈을 꾼다.

문학의전당 시인선 405

천경자, 나비가 된 화가

초판 1쇄 인쇄 2025년 12월 15일
초판 1쇄 발행 2025년 12월 22일
지은이 정경미
펴낸이 고영
디자인 헤이존
펴낸곳 문학의전당
출판등록 제448-251002012000043호
주소 충북 단양군 적성면 도곡파랑로 178
전화 043-421-1977
전자우편 sbpoem@naver.com

ISBN 979-11-5896-730-7 03810

*이 시집은 2025년 부산광역시, 부산문화재단 '부산문화예술지원사업'의
지원을 받아 제작되었습니다.